1865 Mars 13

VENTE APRÈS DÉCÈS

CATALOGUE

DE

TABLEAUX

ANCIENS ET MODERNES

DES DIFFÉRENTES ECOLES

DESSINS, GRAVURES

LIVRES A FIGURES, BIBLIOTHÈQUE, ETC.

COMPOSANT L'ATELIER DE

M. Alphonse Roëhn

DONT LA VENTE AUX ENCHÈRES PUBLIQUES AURA LIEU

HOTEL DROUOT

SALLE N° 7

Les Lundi 13 et Mardi 14 Mars 1865

A UNE HEURE ET DEMIE

Par le ministère de Me **ESCRIBE**, Commissaire-Priseur,
rue Saint-Honoré, 217;

Assisté de **M. HORSIN DÉON**, Peintre, rue de Chabanais, 1,
CHEZ LESQUELS SE TROUVE LE PRÉSENT CATALOGUE

EXPOSITION PUBLIQUE

Le DIMANCHE 12 Mars 1865, de une heure à cinq heures.

PARIS — 1865

VENTE APRÈS DÉCÈS

CATALOGUE

DE

TABLEAUX

ANCIENS ET MODERNES

DES DIFFÉRENTES ECOLES

DESSINS, GRAVURES

LIVRES A FIGURES, BIBLIOTHÈQUE, ETC.

COMPOSANT L'ATELIER DE

M. Alphonse Roëhn

DONT LA VENTE AUX ENCHÈRES PUBLIQUES AURA LIEU

HOTEL DROUOT

SALLE N° 7

Les Lundi 13 et Mardi 14 Mars 1865

A UNE HEURE ET DEMIE

Par le ministère de Me **ESCRIBE**, Commissaire-Priseur,
rue Saint-Honoré, 217;

Assisté de **M. HORSIN DÉON,** Peintre, rue de Chabanais, 1,
CHEZ LESQUELS SE TROUVE LE PRÉSENT CATALOGUE

EXPOSITION PUBLIQUE

Le Dimanche 12 Mars 1865, de une heure à cinq heures.

PARIS — 1865

CONDITIONS DE LA VENTE

Elle sera faite au comptant.

Les Acquéreurs paieront, en sus des adjudications, CINQ pour CENT, applicables aux frais.

On ne rencontrera, il est vrai, que peu de tableaux terminés de M. Roëhn dans notre vente; car tous ses ouvrages à peine finis étaient vendus. Cependant deux de ces tableaux suffiraient seuls pour exciter l'empressement des amateurs.

Mais tout l'intérêt de notre vente ne se borne pas seulement aux œuvres de l'artiste distingué qui nous a été si prématurément enlevé.

De bons tableaux anciens figurent dans notre Catalogue, ainsi que plusieurs beaux dessins de M. Léon Cogniet; un d'entre eux surtout est un vrai chef-d'œuvre.

Nous osons donc espérer que notre appel sera entendu, et notre Exposition visitée; car sa variété procurera à tous les amis des arts l'occasion d'y faire un choix de leur goût, ou au moins d'y rencontrer un instant de plaisir.

La Peinture depuis peu a fait de grandes pertes : presque tous les maîtres, qui, depuis un demi-siècle, avaient maintenu la prépondérance de notre École, ont été successivement enlevés à notre admiration.

L'impitoyable Mort semble se réjouir du deuil de tous les amis des arts, en frappant chaque jour de nouvelles victimes, et quelles victimes ! Un Vernet, un Paul Delaroche, et tant d'autres illustrations non moins aimées : Flandrin, Benouville même, meurent sans avoir atteint l'apogée de leur talent !...

Un artiste aimable et modeste qui mérite à tous égards nos regrets, nous est aussi enlevé ; nous voulons parler de Jean-Alphonse Roëhn.

Ce peintre est né à Paris, en 1799. Des chefs-d'œuvre entourèrent son berceau ; car il est fils de M. Adolphe Roëhn qui non-seulement est un peintre distingué, mais encore un expert des plus instruits et des plus clairvoyants. La vue de la riche collection des tableaux du père fut pour le fils un puissant enseignement, qui commença pour lui presqu'en recevant le jour.

M. Alphonse Roëhn eut pour maîtres Regnault et Gros. Comme pour tous les jeunes élèves, la grande peinture fut son rêve. Il concourut deux fois pour le grand prix de Rome et ses premières productions furent des tableaux d'histoire dont l'un, *Joseph expliquant les songes*, a été acheté par le Gouvernement; et un autre, *Saint Louis en contemplation*, également acquis par l'État, orne l'église de Saint-Thomas-d'Aquin. Il fit encore, en 1824, le *Retour de l'Enfant prodigue*. Mais, quoique ses débuts fussent couronnés de succès, écoutant les conseils de son père, Alphonse Roëhn abandonna l'histoire pour se livrer à la peinture de genre, plus en rapport avec la gaîté de son caractère. Sa réputation s'étendit rapidement, car ses sujets bien choisis, toujours aimables et plaisants, attiraient constamment les regards et l'empressement des gens de goût, aussi bien que des simples curieux.

Toutes ses compositions sont charmantes et surtout spirituelles. Elles nous offrent l'image de la vie intime, de la chaumière comme du palais. Elles nous introduisent tour à tour des mansardes des gentilles grisettes au boudoir de la grande dame; de la boutique du savetier à l'atelier de l'artiste. De même, après nous avoir rendus témoins des folies du carnaval, il nous conduit à l'église.

Son œuvre est la reproduction vivante d'une époque qui, aujourd'hui, est presque de l'histoire; car tout change si bien autour de nous, que la gaîté et le badinage qui encore, il y a trente ans, étaient le caractère distinctif de notre nation, ne se rencontrent plus guère que parmi les petits apprentis parisiens.

Tous les tableaux de M. Alphonse Roëhn, aussitôt

achevés, étaient vendus et le plus souvent comman-dés à l'avance; aussi ne laisse-t-il que huit de ses ouvrages. Ses deux derniers tableaux exposés ont été achetés par M. le comte de Morny.

M. Alphonse Roëhn a obtenu une médaille d'or en 1827; depuis, cette médaille a été rappelée plusieurs fois; des mentions honorables lui furent aussi accordées. Toutes les expositions de province lui ont mérité de nombreuses récompenses; en un mot, peu d'artistes ont reçu plus d'encouragements de toutes sortes.

De plus, pendant trente ans, il fut professeur au lycée Louis-le-Grand. Personne non plus ne s'en est acquitté avec plus de zèle, et pourtant il ne fut point décoré.

La gravure et la lithographie ont reproduit à l'envi tous ses tableaux : Léon Noël et M. Allai sont ses principaux reproducteurs. Il est mort il y a quelques mois, entouré et regretté sincèrement de ses nombreux amis.

HORSIN DÉON

DÉSIGNATION

DES

TABLEAUX

ROËHN (Alphonse)

1 — Le Repos du peintre.

Ce riant tableau offre l'image d'un parfait bonheur : c'est celui d'un jeune artiste qui, à en juger par le luxe qui l'entoure, doit être un des favoris de la fortune. En quittant ses pinceaux ou les travaux de l'intelligence, il trouve près de lui une douce et belle compagne qui lui fait partager les premières et précieuses caresses de leur enfant.

La grâce des figures, une couleur agréable, une exécution des plus consciencieuses, recommandent cette charmante production, qui se complète encore par une foule d'accessoires spirituellement touchés.

2 — Une jeune Femme peintre.

Elle est assise devant son chevalet, occupée à peindre son portrait en s'aidant d'une glace qui réfléchit sa gracieuse image.

Toutes les aimables qualités qui distinguent les ouvrages de M. Roëhn, se retrouvent encore dans cette bonne petite production.

3 — Les petits Philosophes.

Ce sont deux petits écoliers qui, assis sur les marches d'un vieil escalier, semblent plutôt faire l'école buissonnière que traiter de philosophie.

Quoique dans un autre style, l'effet de ce tableau n'en est pas moins saisissant.

ROËHN (Alphonse)

4 — Bénédiction de la tombe des victimes de Juillet.

Un grand fait, quelle qu'en soit la couleur, dès l'instant qu'il renferme une idée élevée et pathétique, inspire l'artiste et anime sa verve. Or, dans le tableau que nous offrons en vente, que voyons-nous ? le vénérable abbé Paravet, en vrai chrétien, bénissant la tombe d'hommes qui étaient à ses yeux des ennemis de sa foi. Puis, des Français convaincus ou égarés, peu importe, qui se sont voués à la mort avec un désintéressement digne d'un souvenir. Enfin, autour de cette tombe, une foule de personnages historiques fort ressemblants qui, dans un temps donné, quand les passions politiques auront disparu, donnera une vraie valeur à ce tableau.

5 — La Mort de Clytemnestre.

6 — Damon et Pythias devant Denis le Tyran.

Ces deux toiles sont les tableaux de concours de M. Roëhn.

7 — Onze Etudes, Académies et autres.

8 — Dix têtes d'Étude par et d'après M. Roëhn.

9 — Sept Études de paysages et de ruines.

10 — Vingt esquisses des différentes époques.

11 — Vingt petites esquisses sur carton.

12 — Environ quarante esquisses, études et autres dans un portefeuille.

---

13 — Sous ce numéro seront vendues les peintures, esquisses anciennes ou modernes non cataloguées.

ÉCOLE FRANÇAISE

CHÉRI

14 — Composition allégorique.

(Esquisse terminée.)

COGNIET (Léon)

15 — Soldats français et arabe gardant l'entrée d'un tombeau en Égypte.

C'est un ravissant dessin, épisode du plafond de M. Cogniet représentant *les Travaux de la Commission archéologique d'Egypte.*

Cet artiste éminent s'est plu à le terminer et à le compléter d'accessoires qui en ont fait une œuvre parfaite et tout exceptionnelle. Car, au dire du maître lui-même, dans ce genre il n'a jamais exécuté que celui-là.

Ce dessin est étudié dans toutes ses parties avec un soin particulier; il possède toutes les qualités qui distinguent les meilleurs ouvrages de M. Cogniet : Expressions vraies, dessin simple, spirituel et énergique tout à la fois; nous pouvons même ajouter, harmonie et fraîcheur de couleur, car on ne colorie pas seulement avec le pinceau, la couleur s'exprime aussi bien avec le crayon quand il est tenu par un artiste supérieur.

(Crayon noir et estompe.)

16 — Le Départ pour l'école.

C'est une vieille grand'mère qui, avant de quitter son petit garçon chargé du bagage d'un écolier, lui recommande d'être bien sage.

Ce dessin au crayon noir est également une charmante et spirituelle production du maître.

17 — Cadre renfermant plusieurs croquis à la plume.

18 — Autre cadre de croquis.

COUTAN (Signé Rome, 1824)

19 — Noé maudissant Cham.

(Esquisse terminée.)

FRANQUELIN

20 — Femme italienne filant.

Dessin, papier teinté, crayon noir, estompe rehaussée de blanc.

LATOUR

21 — Portrait d'Abbé.

(Pastel.)

PIERRE MICHEL (Signé)

22 — Bas-relief, terre cuite.

Il représente une bacchante portée par un satyre et soutenue par un enfant.

Ce demi-relief est tout-à-fait dans la manière de Clodion, la signature seule dément cette attribution.

TARAVAL

23 — Tête de Femme.

(Esquisse.)

TOCQUÉ

24 — Portrait de jeune Homme.

(Pastel.)

VESTIER

25 — Portrait de Fabre d'Eglantine.

ÉCOLES ALLEMANDE, FLAMANDE & HOLLANDAISE

BULTHUYS (Jean)

26 — Paysage accidenté.

BOONEN (Arnold)

27 — Portrait d'un Bourgmestre.

Ce personnage est vu à une fenêtre dont l'appui sur lequel il est accoudé tenant une montre à la main, est en partie recouvert par un tapis de Perse.

CRAYER (Gaspard de)

28 — Portrait d'Homme.

C'est un personnage d'environ 40 ans, à la physionomie douce et agréable. Il est vu à mi-corps, touchant de la main un des glands qui nouent un large col rabattu sur le manteau de soie noire dont ses épaules sont enveloppées. Suivant la mode du temps, il porte les cheveux tombants, ainsi que des moustaches qui s'harmonisent parfaitement avec son visage.

Ce bon portrait, d'un bel aspect, mérite à tous les titres une attention particulière des amateurs, car il doit être une des œuvres que Crayer exécuta en Italie, et qui sont les plus estimées de ce maître.

CHAMPAGNE (Philippe de)

29 — Portrait d'un Magistrat, buste.

FLINCK (Govert)

30 — Un Philosophe.

Il est assis devant une table, méditant sur un manuscrit ouvert devant lui, il tient les mains croisées sur un livre en conservant une plume dans l'une d'elles.

HEEM (David de)

13 — Un Déjeuner.

Sur une table de pierre recouverte en partie par un tapis sont, dans des plats d'argent, un homard, des huîtres, des cerises, une noix; dans un saladier, du raisin et des oranges. Çà et là, sur la table, un pain, des crevettes, des citrons, dont l'un est coupé et en partie pelé. Enfin, un vase d'or, un autre d'argent renversé, trois verres de vin du Rhin y sont aussi déposés.

MORO (Antoine)

32 — Portrait de petite Fille.

Elle est vue en pied dans l'intérieur d'un appartement, tenant sur le doigt de la main droite un oiseau; la gauche est pendante sur son côté. Son costume est riche et pittoresque, sa robe est de satin noir damassé d'un jaune verdâtre. Elle est coiffée d'un chapeau rond à larges bords relevés sur le côté; sous ce chapeau s'échappe un bonnet de guipure. Son col et ses manchettes sont tailladés et brodés. Une chaîne d'or à triples rangs qu'elle porte en sautoir complète sa parure.

Au coin de cet excellent tableau se voient des armoiries qui donnent la possibilité d'en connaître la provenance.

REMBRANDT

33 — Tête d'Homme, avec barbe.

Ce tableau a été acheté à la vente de M. Scheffer sous cette attribution.

STEEN (Jean)

34 — Scène d'intérieur hollandais.

Près d'une table couverte encore des débris d'un déjeuner, une jeune femme reçoit de l'argent d'un homme dont le costume est des plus pittoresques. Une vieille servante, qui tient une lettre à la main, est debout près d'eux. Une foule d'accessoires et une couleur brillante complètent l'ensemble de ce tableau.

INCONNU

35 — Portrait d'Homme.

ÉCOLE ITALIENNE

RICCI (Marc)

36 — Tête de Vieillard.

ÉCOLE GÉNOISE

37 — Portrait de Femme, buste.

ÉCOLE ESPAGNOLE

38 — L'Amour endormi.

Ce tableau a été vendu à la vente du roi Louis-Philippe comme étant de Vélasquez.

DESSINS ET GRAVURES

39 — *1er carton.* Il contient les lots suivants : Costumes orientaux. — Intérieurs de palais et détails d'architecture. — Meubles et ornements Louis XV et Louis XVI. — Gravures d'après les différents maîtres flamands. — Gravures et calques de costumes du moyen âge et autres. — Costumes italiens coloriés. — Costumes italiens, lithographies et autres. — Gravures au trait des différentes Écoles.

40 — *2me carton :* Recueil d'une collection de Chiens lithographiés et gravés, parmi lesquels il s'en trouve une suite par C. Vernet. — Suite de Chevaux, Cavaliers, costumes russes par Sweback. — Recueil de calques. — Lithographies et gravures d'après les différents maîtres flamands. — Gravures italiennes, Eaux-fortes par et d'après Berghem, Karl Dujardin et autres. — Gravures d'après les différents maîtres flamands et hollandais.

41 — *3me carton*, contenant : dessins anciens. — Études des différents tableaux exécutés par M. Roëhn; croquis et compositions par M. Roëhn père.

42 — *4me carton :* Suite de portraits des grands hommes, lithographies. — Portraits d'artistes, vieilles gravures sur bois. — Quatre portraits gravés en couleur. — Costumes pour le mariage de Louis XVI. — Portraits et gravures anciennes. — Portraits de l'École française. — Portraits lithographiés et gravés des différentes Écoles.

43 — *5me carton :* Modèles de dessins. — Lithographies diverses.

44 — *6me carton :* Études académiques par M. Roëhn, et Études pour l'exécution de ses différents tableaux.

45 — *7me carton :* Eaux-fortes par Boissieu, Duplessis-Bertaux et autres. — Gravures d'après Boucher, Chardin, Baudoin, Moreau et autres. — Gravures diverses d'après Watteau et autres. — Recueil d'objets d'art et de curiosités par Jolimont, gravé par Mlle Naudet. — Gravures françaises d'après N. Poussin, Sébastien Bourdon, Lesueur, etc. — Gravures par Callot, Pérelle et autres. — Vignettes par Moreau le jeune, Gravelot et autres. — Paysages. — Gravures diverses de l'École flamande, d'après Rubens, Berghem, Metzu et autres. — Eaux-fortes, Batailles, Chevaux.

46 — *8me carton :* Portraits d'après Van Dyck et Rubens. — Portraits lithographiés. — Grandes gravures d'après les maîtres flamands. — Grandes gravures d'après les maîtres français. — Gravures d'après Wouwermans. — D'après Greuze. — Grandes gravures et lithographies modernes, portraits et autres.

LIVRES A FIGURES

47 — Galerie du Palais Farnèse à Rome.

48 — Faits de l'Histoire sainte gravés par Chaperon d'après les Loges du Vatican par Raphaël.

49 — Description du château de Chambord.

50 — Un an à Rome, par Thomas.

51 — Vues de Provins, par plusieurs artistes.

52 — Le Paradis perdu et la Divine Comédie; gravures au trait par Sofia Giacomelli.

53 — Vues de monuments de Rome et de ses environs par Domenico Pronti.

54 — Histoire de la ville de Berne, ornée de gravures par Stapfer.

55 — Vignettes du Paradis perdu. Album.

56 — La Vendée. Album des principales vues de ce pays.

57 — Recueil de planches relatives aux beaux-arts, faisant partie de l'Encyclopédie.

58 — Album contenant un recueil de lithographies, parmi lesquelles il s'en trouve environ 30 par Charlet.

59 — Album contenant un grand nombre de vignettes anglaises et quelques eaux-fortes par M. Roëhn.

60 — Album de lithographies des différents maîtres contemporains.

61 — Quatre Albums, croquis par M. Roëhn.

62 — Eaux-fortes italiennes. Recueil.

63 — Cours d'anatomie.

BIBLIOTHÈQUE

64 — Environ 135 volumes, parmi lesquels sont : la Vie de de David, par Delécluze ; le Dictionnaire des Arts ; l'Histoire de l'Art du paysage ; les Tableaux du Palais-Royal ; Causeries du salon ; différentes brochures sur le salon ; plusieurs livrets de salons ; 68 volumes de Paul de Kock et autres ouvrages de littérature.

MEUBLES

65 — Meuble en bois sculpté de l'époque de François Ier.
66 — Une Pendule en marqueterie, genre Boule.
67 — Échelle de peintre.
68 — Table de modèle avec ses tréteaux.
69 — Paravent.
70 — Cinq Chevalets.
71 — Meuble à tiroir renfermant des pastels.

OBJETS DIVERS

72 — Mannequin de peintre.
73 — Casque, cuirasse, fer de lance.
74 — Tapis de Smyrne.
75 — Deux Loupes.
76 — Bordures en bois sculpté et autres.
77 — Cruche de faïence bleue.
78 — Deux boîtes d'aquarelles garnies, une de crayons et une autre d'estompes.
79 — Boîte de compas.
80 — Une Boule en cuivre

COSTUMES

81 — Costume complet de femme (Louis XV); perruque, mules, robes de soie.

82 — Costume d'homme, même époque; culotte, gilet et habit noir brodé.

83 — Ensemble deux culottes et trois gilets.

84 — Ensemble quatre corsages de soie, mules, etc.

85 — Ensemble deux corsages de laine, mantelet, bonnets, etc.

86 — Vieux morceaux d'étoffe.

87 — Sous ce numéro, les objets omis.

Renou et Maulde, Imprimeurs de la Compagnie des Commissaires-Priseurs, rue de Rivoli, 144. 39708

www.ingramcontent.com/pod-product-compliance
Lightning Source LLC
LaVergne TN
LVHW021530140926
848035LV00047B/1276
9782329533605